品德學習系列

學會分享的小松鼠

葛翠琳　著

張蔚昕　圖

新雅文化事業有限公司
www.sunya.com.hk

品德學習 系列

　　《品德學習系列》系列故事感人，含豐富的寓意，可培養孩子有耐性、勇敢、有愛心、樂於助人、勇於學習和學會分享的良好品德，適合親子共讀。

　　當爸媽跟孩子閱讀《學會分享的小松鼠》後，可請孩子運用以下表格來給自己評分，以鼓勵孩子自我反思，促進個人成長。

我能做到：	我給自己的評分	爸爸媽媽的評分
與人分享食物	👍👍👍👍👍	👍👍👍👍👍
與人分享玩具	👍👍👍👍👍	👍👍👍👍👍
與人分享圖書	👍👍👍👍👍	👍👍👍👍👍
與人分享自己的感受	👍👍👍👍👍	👍👍👍👍👍

　　本系列屬新雅點讀樂園產品之一，備有點讀和錄音功能，家長可另購新雅點讀筆使用，讓孩子聆聽粵普雙語的故事，更可錄下自己或孩子的聲音來說故事，增添親子共讀的趣味！

　　想了解更多新雅的點讀產品，請瀏覽新雅網頁(www.sunya.com.hk) 或掃描右邊的QR code進入 新雅・點讀樂園

如何配合新雅點讀筆閱讀本故事書？

- 啟動點讀筆後，請點選封面，然後點選書本上的故事文字或說話的人物，點讀筆便會播放相應的內容。如想切換播放的語言，請點選各內頁上的 粵 普 圖示，當再次點選內頁時，點讀筆便會使用所選的語言播放點選的內容。

- 如想播放整個故事，可用點讀筆點選**以下圖示**來操作：

如何製作獨一無二的點讀故事書？

爸媽和孩子可以各自點選以下圖示，錄下自己的聲音來說故事啊！

1 先點選圖示上爸媽錄音 或 孩子錄音 的位置，再點 OK，便可錄音。

2 完成錄音後，請再次點選 OK，停止錄音。

3 最後點選 ▶ 的位置，便可播放錄音了！

4 如想再次錄音，請重複以上步驟。注意每次只保留最後一次的錄音。

爸媽請使用
這個圖示錄音

孩子請使用
這個圖示錄音

序

　　在競爭劇烈的社會裏，「贏在起跑線」的概念似已深植家長心中，可是現時幼童的學術培育往往遠超品德培育。市面上充斥着各式各樣甚具系統和規模的學術課程，惟品德教育欠缺有系統的教材及課程，家長想為幼童進行品德教育也常感到無從入手。幼童的理性分析能力及同理心需要經驗的累積，以及要成人在旁輔導及分析，協助幼童代入不同角色，並以不同立場分析事情。現今的幼童大多是家中獨子／女，學校又花大部分時間教導學術知識，家庭和學校這兩個幼童主要的生活圈均未有提供足夠機會，讓幼童學習及練習身分互換、體會他人的需要。幼童本身以自我為中心，能處處為他人設想除了是一種進階的思維能力發展外，更是一種生活習慣和態度，需要多練習至習以為常。

　　現今社會物質豐富，要讓幼童體會「無形」的快樂泉源：分享、承擔、互助及珍惜，很多時候需要家長特意製造相關機會或隨機教導幼童享受與他人共處及合作的過程。本系列圖書通過豐富的故事情節讓幼童代入不同的角色，了解不同角色對不同事物的詮釋、感受及責任，為孩子提供在羣體生活中所需的正向品德教育。

嚴沛瑜 博士
英國心理學會註冊心理學家

小松鼠聰明又可愛，可是有一件事讓她
感到難為情。事情是怎樣的呢？

小河像一面鏡子，照出白雲，照出藍天。

嘩！鏡子碎了，原來是小兔在捧起清涼的河水洗臉。

河邊的野花很美麗，青草又嫩又鮮。小兔抖落珍珠般的水滴，準備吃美味的早餐。

粵語　普通話

yí nà shì shéi ya　jí jí máng máng gǎn lù
咦？那是誰呀？急急忙忙趕路，

lèi de　xū xū　de zhí chuǎn qì
累得「吁吁」地直喘氣。

「噢！原來是小刺蝟呀，你去哪兒？」

「我去山上採果子。」

「我也去，我也去。」

小兔蹦蹦跳跳，跟小刺蝟到山上去採果子。

走過了山崗，穿過了樹叢，小兔跑

跑停停：「小刺蝟，你快點兒走呀！」

「那，你先上山去吧！小熊在山上

採果子正等着呢！」

「太好了，太好了。」

小兔蹦蹦跳跳，向前跑去了。

xiǎo tù bēn pǎo zhe　xiǎo sōng shǔ hào qí de wèn　　xiǎo tù
小兔奔跑着，小松鼠好奇地問：「小兔，

nǐ zhè me jí　shàng nǎr　qù ya
你這麼急，上哪兒去呀？」

shàng shān cǎi guǒ zi ya　　xiǎo tù tíng xia lai huí dá dào
「上山採果子呀！」小兔停下來回答道。

wǒ yě qù　wǒ yě qù
「我也去，我也去。」

nǐ huì cǎi guǒ zi ma
「你會採果子嗎？」

huì ya　nǐ kàn　nà shì lì zi shù
「會呀！你看，那是栗子樹。」

14

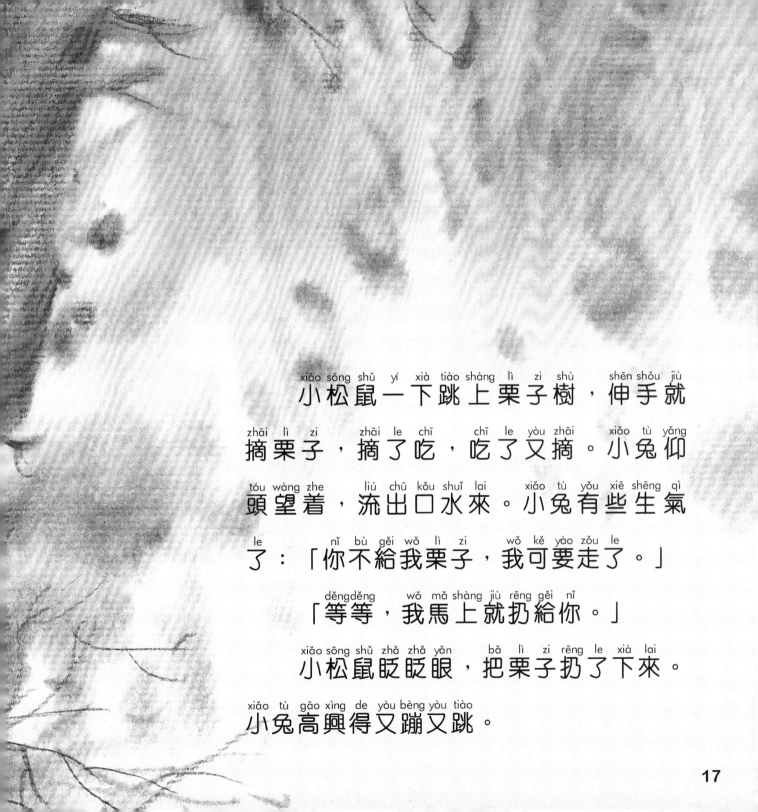

小松鼠一下跳上栗子樹，伸手就摘栗子，摘了吃，吃了又摘。小兔仰頭望着，流出口水來。小兔有些生氣了：「你不給我栗子，我可要走了。」

「等等，我馬上就扔給你。」

小松鼠眨眨眼，把栗子扔了下來。

小兔高興得又蹦又跳。

17

「哎呀！很痛啊！」小兔又哭又叫。怎麼了？呀！栗子的外殼上有尖尖的刺，把小兔的上嘴唇給扎破了。

「哎呀！饞嘴的小兔，吃栗子不去殼、不剝皮，那怎麼行？」

「我不吃帶刺的栗子，還是找小熊去。」

「小兔，別生氣，帶我一塊兒上山吧！」

粵語　普通話

小兔和小松鼠跑上山，看見小
xiǎo tù hé xiǎo sōng shǔ pǎo shàng shān kàn jiàn xiǎo

熊正在採果子。果子真多，有紅蘋
xióng zhèng zài cǎi guǒ zi guǒ zi zhēn duō yǒu hóng píng

果、大甜梨、蜜桃、柿子等等。
guǒ dà tián lí mì táo shì zi děng děng

「小熊，我們上山來採果子。」

「歡迎！歡迎！大家一起採果子，多快活。」

「小熊，這些果子很甜嗎？」小兔
流着口水問。

小熊笑了：「我想，這些果子一定
很甜。這是為運動會採的果子呀！」

23

粵語　普通話

xiǎo xióng máng zhe cǎi guǒ zi　　xiǎo tù pǎo lái pǎo qù
小熊忙着採果子，小兔跑來跑去

bǎ guǒ zi shōu shi hǎo　　fàng zài yì duī
把果子收拾好，放在一堆。

小松鼠呢？坐着
看果子，還獨自一人
悄悄地吃着果子，吃
了一個又一個，肚子
都吃得脹疼了。

小刺蝟汗淋淋地跑上山來，不好意思地說：「我走路慢，來晚了。讓我把果子送到運動會會場去吧！」

xiǎo xióng mǒ zhe hàn shuǐ shuō
小熊抹着汗水說：

tài hǎo le
「太好了。」

xiǎo cì wei bǎ guǒ zi tuó zài bèi
小刺蝟把果子馱在背

shang　gāo gāo xìng xìng shàng lù le
上，高高興興上路了。

27

yùn dòng huì zhēn rè nao
運動會真熱鬧。

dà xiàng gē ge gěi suǒ yǒu de
大象哥哥給所有的

yùn dòng yuán fēn le guǒ zi　zuì hòu
運動員分了果子。最後

shèng xià yí gè dà píng guǒ
剩下一個大蘋果。

「小刺蝟，你運送果子多累呀，
這蘋果請你吃了吧！」

31

「不，不！小熊採果子更累呀，
這蘋果請小熊吃吧！」

「不，不！小兔拾果子多累呀，
請小兔吃吧！」

小兔擺擺手：「小熊、小刺蝟

只想着給大家採果子、運送果子，

這蘋果應該請他們吃。」

小兔、小刺蝟、小熊你推我讓，最後，他們
決定把蘋果分成四塊，堅持請小松鼠一起吃。

小松鼠臉紅了，雙手捧着蘋果，難為情地低
下了頭。

39

粵 普
粵語　普通話

小朋友，小松鼠為什麼會難為情地低下頭呢？